Sabine Kalwitzki

Fühl die warmen Sonnenstrahlen

Fantasiereisen und Stillespiele für jeden Tag

mit Illustrationen von Hildegard Müller

Loewe

Bibliografische Information Der Deutschen Bibliothek
Die Deutsche Bibliothek verzeichnet diese Publikation
in der Deutschen Nationalbibliografie;
detaillierte bibliografische Daten sind im Internet
über *http://dnb.ddb.de* abrufbar.

*Der Umwelt zuliebe ist dieses Buch
auf chlorfrei gebleichtem Papier gedruckt.*

ISBN 3-7855-4934-2 – 1. Auflage 2004

Umschlagillustration: Hildegard Müller
Umschlaggestaltung: Barbara Weishaupt
Redaktion: Rebecca Schmalz
Herstellung: Annette Schnauder
Gesamtherstellung: DELO tiskarna
Printed in Slovenia

www.loewe-verlag.de

Inhalt

Wissenswertes über Fantasiereisen mit Kindergruppen:

Einleitung

Reisen auf den Flügeln der Fantasie

Es ist eine Freude, zu beobachten, wie Kinder im Kindergarten- und Grundschulalter die Welt entdecken. Neugierig erkunden sie ihre Umwelt, alles ist aufregend und spannend. Aber dennoch haben Kinder auch von Zeit zu Zeit das Bedürfnis, sich zurückzuziehen, um ihre Eindrücke zu verarbeiten.

Manche Kinder finden Entspannung, indem sie im Spiel in ihre Fantasiewelten versinken. Andere aber kommen von alleine nur schwer zur Ruhe. Sie sind ständig unter Strom und aufgedreht, bis sie am Ende völlig überfordert sind. Ein „Sei doch endlich ruhig!“ erreicht diese Kinder dann nicht mehr.

Ruhe will erfahren werden – und wir als Eltern, ErzieherInnen oder LehrerInnen können unsere Kinder dabei unterstützen, für eine kleine Weile aus dem Alltag auszusteigen und ruhig zu werden, damit sie die wohltuende Wirkung von Entspannung erfahren und genießen lernen – mit der Hilfe von Fantasiereisen.

Fantasiereisen sind Geschichten zum Träumen. Fantasie und Vorstellungskraft lassen in den Kindern angenehme innere Bilder und Gefühle entstehen. Bilder von Orten, an denen Kinder sich wohl fühlen, Gerüche, die sie gerne mögen, und wohltuende Gefühle und

Empfindungen werden in Fantasiereisen beschrieben. Konzentriert auf die Geschichte und die eigenen Gedanken, erreichen die Kinder einen Zustand tiefer Entspannung. Körper und Geist finden Ruhe und Erholung.

Unterstützend sind in Fantasiereisen auch Elemente anderer Entspannungstechniken zu finden. Etwa die des autogenen Trainings, bei dem die Entspannung über die Imagination von Ruhe, Wärme und Schwere erreicht wird, oder Elemente der Atementspannung. Bei der progressiven Muskelentspannung nach Jacobson werden nacheinander einzelne Muskelgruppen bewusst angespannt und wieder locker gelassen. Die Muskeln werden so besser durchblutet, und wohlige, entspannende Wärme stellt sich ein.

Aber allein mit der entspannenden Wirkung ließe sich die Begeisterung von Kindern für Fantasiereisen sicher nicht erklären. Fantasiereisen sprechen Kinder noch auf einer tieferen Ebene an: Sie greifen kindliche Themen auf, berühren ihre Bedürfnisse und Gefühle. Zudem bieten Fantasiereisen einen geschützten Raum, in dem sich Kinder auf ihre Gedanken und Gefühle einlassen und mit ihnen auseinander setzen können. Probleme, Wünsche, Hoffnungen, Träume, all das fließt in die Fantasien der Kinder ein und findet Ausdruck in ihren Bildern und Geschichten.

Ich wünsche Ihnen und Ihrem Kind/Ihren Kindern erholsame, entspannende, fantasievolle Ruhepausen.

Sabine Kalwitzki

Praktische Tipps für Fantasiereisen und Stillespiele

☼ Fantasiereisen sind wunderbare Ruheinseln in der Alltagshektik. Klare Übergänge in die Ruhephase – wie zum Beispiel Stillespiele – und später zurück zur Aktivität unterstützen den Entspannungseffekt.

☼ Entspannende Fantasiereisen brauchen einen geschützten Rahmen und eine angenehme Atmosphäre. Achten Sie deshalb darauf, dass Fantasiereisen in aller Ruhe und ungestört stattfinden können.

☼ Auf bequemen Decken und Kissen können sich die Kinder ausstrecken; ein Abdunkeln des Raumes kann das Zur-Ruhe-Finden unterstützen.

☼ Wählen Sie eine Geschichte aus, die thematisch besonders gut zu der Stimmung Ihres Kindes/Ihrer Kinder passt.

☼ Überlassen Sie es jedem Kind, ob und wieweit es sich auf eine Fantasiereise einlassen möchte. Die Teilnahme an Fantasiereisen ist immer freiwillig.

☼ Nicht alle Kinder mögen immer mit geschlossenen Augen zuhören. Sie werden es tun, wenn sie es sich zutrauen.

☼ Lesen Sie die Geschichte ruhig und leise vor, das trägt zur entspannenden Wirkung der Fantasiereisen bei.

☼ Geben Sie den Kindern ausreichend Zeit, im Laufe der Fantasiereise ihre eigenen inneren Bilder zu entwickeln. Achten Sie beim Erzählen auf die Reaktionen der Kinder. Sie werden bald erspüren, wie lange sie in den Erzählpausen (die kleinen Sonnen ☼ ☼ zeigen sie Ihnen an) ihren Fantasien nachgehen möchten.

☼ Sollte ein Kind einmal unruhig werden, weil vielleicht unangenehme Bilder in ihm auftauchen, können Sie es durch eine leichte Berührung beruhigen und im Anschluss an die Fantasiereise über seine Gedanken sprechen.

☼ Meditative Musik unterstützt die Wirkung von Fantasiereisen. Sie schafft eine traumhafte Atmosphäre auch dann, wenn die Erzählpausen etwas länger andauern.

☼ Fantasiereisen für den Tag brauchen als Abschluss grundsätzlich immer eine Phase der Aktivierung, der „Rückführung“. Dabei werden die Fantasiereisenden angeleitet, ihre Augen zu öffnen und ihre Umwelt wieder aktiv wahrzunehmen, tief durchzuatmen, sich zu dehnen, zu strecken und zu bewegen, bis sie sich wieder richtig wach fühlen.

Mit allen Sinnen Ruhe genießen –

Stillespiele

Stillespiele

Stillespiele sind kleine Übungen in ruhiger Atmosphäre, getragen von den Worten des Erzählers. Im Unterschied zu Fantasiereisen konzentrieren sich die Kinder hierbei meist auf die Eindrücke nur eines Sinnesorganes.

Sie hören, sehen, tasten, riechen oder schmecken – und nehmen so bewusst wahr, was sonst im Alltag oft keine Beachtung findet, weil es in der Fülle der Eindrücke einfach untergeht. Stillespiele bereiten den Weg für Fantasiereisen mit Ihrem Kind oder Ihrer Kindergruppe, denn sie sensibilisieren Kinder für die Vielfältigkeit ihrer Empfindungen. Manche Kinder nehmen bestimmte Gefühle und Eindrücke erstmals bewusst wahr.

Wenn Ihr Kind oder Ihre Kindergruppe noch keine Erfahrung mit Fantasiereisen hat, bieten sich Stillespiele als Vorbereitung an. Sie haben eine klare Struktur und sind leicht durchzuführen. Aber auch erfahrene Fantasiereisende lieben Stillespiele als Einstieg in die Ruhephase.

Empfänglich und aufnahmebereit für Stillespiele wie auch für Fantasiereisen sind Kinder aber erst, wenn sie eventuell vorhandene motorische Unruhe, Ärger oder Spannungen über körperliche Be-

wegung ausagieren konnten. Denn Stresshormone werden am besten unter Bewegung abgebaut. Nach einer kleinen Bewegungsphase sind die Kinder aber meist gut in der Lage, sich zu sammeln und auf das Spiel, die Geschichte oder ihre Sinneseindrücke einzulassen.

Orientieren Sie sich bei der Auswahl der Stillespiele und Fantasiereisen am Alter der Kinder. Je jünger die Kinder sind, umso kürzer, konkreter und handlungsorientierter sollten die Übungen sein.

Ich taste und fühle

Streicheln ist wohltuend, und kaum etwas beruhigt ein Kind so schnell und nachhaltig, wie in die Arme genommen und gehalten zu werden. Die Fähigkeit, zu spüren und Berührungen wahrzunehmen, wird im Mutterleib als erster der Sinne entwickelt. Vielleicht wirkt Körperkontakt deshalb so nachhaltig.

Kleine Übungen, mit deren Hilfe die Körperwahrnehmung verbessert wird, bieten sich wunderbar als Einstieg in die Arbeit mit Stilleübungen an: Lassen Sie zum Beispiel die Kinder ihre Augen schließen, mit einer Feder über ihre eigenen Hände streichen, die Finger einzeln bewegen oder mit den Fingerspitzen ihr Gesicht berühren.

Die folgenden beiden Geschichten sind auch schon für ganz kleine Kinder geeignet.

In der Kindergruppe machen Sie einfach vor, wie die Kinder die Geschichte mit ihren Händen auf dem Rücken eines anderen Kindes umsetzen können. Idealerweise sitzen die Kinder paarweise hintereinander.
(Die in Klammern gesetzten Teile werden nicht mit vorgelesen.)

Schnuppernde Schweineschnauzen

Auf der bunten Blumenwiese, mitten im Wald, steht ein kleines Hexenhäuschen. Ganz ruhig steht es da, ☼ friedlich, still und leise.

Lass uns einmal hineingehen und sehen, ob die kleine Hexe zu Hause ist. Vorsichtig, auf Zehenspitzen, schleichen wir durchs Haus. ☼

(→ Mit den Fingerspitzen auf den Rücken des Kindes tupfen.)

Nein, in der Hexenküche ist die kleine Hexe nicht. ☼

(→ Mit den Fingerspitzen nach rechts wandern.)

Und in der Besenkammer ist sie auch nicht. ☼

(→ Mit den Fingerspitzen nach links wandern.)

Wir wollen mal die Treppe hinaufgehen und die kleine Hexe oben suchen. ☼

(→ Mit den Fingern den Rücken hinaufkrabbeln.)

Mmh, was hören wir da? Da schnarcht doch jemand! Ob das die kleine Hexe ist? Schnell den Vorhang zur Seite geschoben ☼ und nachgeschaut!

(→ Abwechselnd mit der rechten und der linken Hand am Rücken nach außen streichen.)

Ich taste und fühle

Da ist sie ja, die kleine Hexe. Wie gemütlich sie es hat! Sie liegt in ihrem warmen Kuschelbett in ihren watteweichen Federdecken und schmiegt sich an ihr Schmusekissen. ☼

(→ Das Kind umarmen und sanft hin und her schaukeln.)

Doch da kommt Gusti, das rosa Zauberschweinchen, ins Zimmer und stupst die kleine Hexe mit seiner schnuppernden Schnauze. ☼

(→ Die Fingerspitzen zusammenlegen, das Kind am Rücken stupsen.)

„Aufstehen!“, grunzt Gusti. „Schwing dich auf deinen Besen! Wir müssen zur Zauberwiese fliegen und Zauberblumen pflanzen!“ ☼

(→ Mit einem Finger über den Rücken „fliegen“.)

Aber die kleine Hexe träumt weiter. Und was macht das Zauberschwein? Es kitzelt die kleine Hexe wach. ☼

(→ Kitzeln.)

Dann schwingen sich die beiden zusammen auf den Zauberbesen und fliegen durch die Luft. Der Wind trägt sie zur Zauberwiese. ☼

(→ Mit den Händen über den Rücken streichen.)

„Jetzt pflanzen wir Zauberblumen!“, ruft die kleine Hexe und beginnt, die Wiese umzugraben. Das Zauberschwein hilft kräftig mit. ☼

(→ Kräftig den Rücken massieren.)

Dann setzt die kleine Hexe die Zaubersamen in die Erde. ☼
(→ Mit einem Finger auf dem Rücken kleine „Löcher bohren".)

Ich taste und fühle

„Fertig!", jubelt die kleine Hexe begeistert. „Jetzt gießen wir die Blumen, damit sie gut wachsen." Die kleine Hexe schnipst mit dem Finger und lässt es regnen. ☼
(→ Mit allen Fingern auf den Rücken tupfen.)

„Mehr, mehr!", grunzt das Zauberschwein und wälzt sich genüsslich im Schlamm. ☼
(→ Etwas stärker auf den Rücken trommeln.)

Das hören die Wildschweine im Wald. Schlamm? Matsch? Pampenquatsch? Nichts wie hin! Wie der Blitz kommen sie angelaufen und wühlen mit ihren Wildschweinschnauzen nach Herzenslust im Schlamm. ☼
(→ Die Fingerspitzen zusammenlegen, kräftig über den Rücken streichen, auch mal auf einer Stelle stehen bleiben und sich „hineinwühlen".)

Und was ist mit den Zauberblumensamen? Die ganze Arbeit umsonst, denkst du? Irrtum! Zauberblumen brauchen Matsch und wühlende Schweineschnauzen, damit sie gut wachsen können. Und sie fangen auch gleich an zu wachsen. ☼
(→ Spiralen von unten nach oben über den Rücken zeichnen.)

„Was für ein schöner Tag!", findet die kleine Hexe. Sie dehnt sich und streckt sich und schüttelt sich und tanzt vor Freude. Und du und das Zauberschwein, ihr tanzt mit.

(→ Bei diesen letzten Sätzen steht das Kind auf, dehnt und streckt sich und beendet durch das Tanzen und die kräftige Bewegung die Ruhephase.)

Wenn du möchtest, besuchen wir die kleine Hexe bald wieder.

Kleiner Indianer

Adlerauge ist ein mutiger Indianerjunge. Er ist der ganze Stolz seines Vaters. ☼

(→ Handflächen ruhig und fest auf die Schultern des Kindes legen.)

Fröhlich wie ein kleines Fohlen springt Adlerauge über die Prärie. ☼

(→ Mit beiden Händen über den Rücken „galoppieren".)

Er spielt Verstecken mit seinem Freund Heller Stern. Ob Heller Stern sich hier im Gebüsch versteckt hat? Der kleine Indianerjunge kriecht mitten hinein. ☼

(→ Kräftig mit den Fingerspitzen abwechselnd über Rücken und Arme fahren.)

Hoffentlich findet Adlerauge seinen Freund, bevor das Gewitter beginnt. Am Himmel steht schon eine große Regenwolke, und es wird windig. ☼

(→ Die Arme des Vordermannes ausbreiten und mit ihm hin und her schwingen.)

Und schon prasseln die ersten Regentropfen vom Himmel. ☼

(→ Mit den Fingern leicht über den Rücken tippen.)

Oje, der Regen wird stärker und stärker. Wie ein Wasserfall stürzt der Regen jetzt vom Himmel. ☼

(→ Mit kräftigen Strichen von den Schultern den Rücken hinabfahren.)

Es donnert. ☼

(→ Handflächen auf die Schulterblätter legen und sanft rütteln.)

Blitze zucken vom Himmel. ☼

(→ Blitze auf den Rücken zeichnen.)

Jetzt muss sich Adlerauge aber schnell einen sicheren Unterschlupf suchen. Hier ist eine Höhle! Schnell schlüpft Adlerauge hinein und lehnt sich an die warme, moosbewachsene Höhlenwand. ☼

(→ An den Hintermann anlehnen. Der Hintermann fasst seitlich die Schultern und hält sie fest.)

Aber was ist das? Was kitzelt denn da so? ☼

(→ Den Vordermann durchkitzeln.)

Ach, das ist ja Heller Stern! Er hat sich auch hier in der Höhle vor dem Gewitter in Sicherheit gebracht.

Die beiden Freunde warten, bis sich das Gewitter verzogen hat, dann schlüpfen sie aus der Höhle und genießen die warmen Sonnenstrahlen auf ihrer Haut. ☼

(→ Sanftes Streicheln über Arme, Rücken und Kopf.)

Gut gelaunt stehen die beiden kleinen Indianer vor der Höhle. ☼

(→ Mit den Kindern zusammen aufstehen.)

Sie recken und strecken sich, ☼

(→ Dehnen.)

und dann laufen sie – so schnell sie können – nach Hause. ☼

(→ Auf der Stelle laufen.)

Ich schaue und staune

Aus Malbüchern sind den meisten Kindern Mandalas vertraut. Aber auch aus kleinen, hübschen Gegenständen kann man ein Mandala legen. Gemeinsam tragen so alle Kinder in der Gruppe dazu bei, dass etwas Besonderes entsteht. Auch mit einem Kind allein lässt sich wunderbar ein Mandala legen. Wandeln Sie die folgende Fantasiereise einfach nach Bedarf ab!

Grundidee:
Aus mitgebrachten Dingen legen die Kinder ein Mandala: Das können Glitzersteine, Schneckenhäuschen, bunte Perlen, Murmeln oder Muscheln aus dem letzten Urlaub sein, oder Dinge, die die Kinder auf einem Spaziergang gesammelt haben, und den sie auf diese Weise nachklingen lassen.

Tipps:
- → Meditative Hintergrundmusik schafft Atmosphäre.
- → Am besten sitzen die Kinder im Sitzkreis auf dem Boden.
- → Durch eine Kerze, eine große Glaskugel o. Ä. können Sie das Zentrum des Mandalas vorgeben.
- → Wenn Sie mit einer großen Kindergruppe das Mandala legen, empfiehlt sich die Begrenzung auf einen Gegenstand pro Kind.

Nachbereitung:
Am besten bleibt das Mandala nach der Fantasiereise noch eine Weile liegen. Die Kinder erzählen während einer Ruhephase nacheinander von ihren Gedanken. Ältere Kinder können ihre Geschichten auch aufschreiben und dazu malen. Muss das Mandala aus Platzgründen gleich wieder aufgelöst werden, geschieht dies am besten mit ruhiger Musik.

Mandala-Reise

Ich schaue und staune

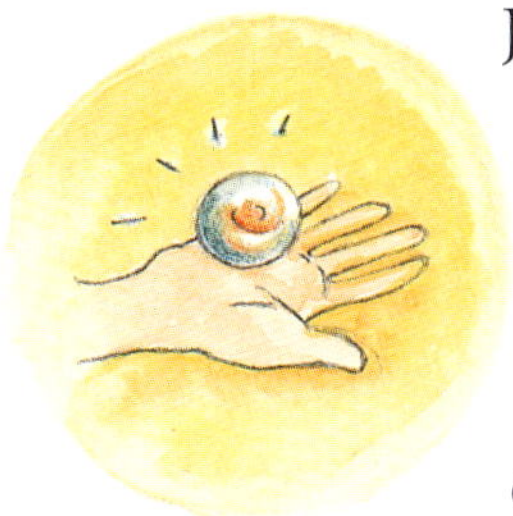

Jeder von euch hat heute einen kleinen Schatz mitgebracht. Ihr habt ihn ausgesucht, weil ihr ihn besonders schön findet oder weil er euch etwas bedeutet. ☼ Aus euren Schätzen wollen wir jetzt zusammen ein Mandala legen. ☼ Wie das Mandala am Ende aussehen wird, wissen wir noch nicht. Wir lassen uns überraschen. ☼ Jeder Schatz wird seinen besonderen Platz finden, ☼ ganz von allein. ☼

Nimm deinen Schatz aber zuerst noch einmal in die Hand, und schließe die Augen. So kannst du ihn besser spüren. ☼ Dein Schatz liegt in deiner Hand. Ertaste mit den Fingern seine Form. Wie fühlt er sich an? ☼

Erinnerst du dich noch, wie du ihn gefunden oder bekommen hast? ☼ Was hat dir daran so gefallen? ☼

Mach nun die Augen wieder auf, und lass uns sehen, an welchem Platz dein wunderbarer Schatz liegen möchte. ☼ Dabei brauchst du gar nicht zu reden. Lass dich einfach von deinem Schatz führen. ☼ Wenn der Erste seinen Schatz hingelegt hat, blinzelt er seinem linken Nachbarn zu. Jetzt darf der Nächste seinen Schatz legen. ☼ ☼ ☼

(→ Bei meditativer Musik betrachten die Kinder ruhig das wachsende Mandala.)

Nun ist aus euren Schätzen ein ganz besonderes Mandala geworden. Schaut euch an, was uns gelungen ist. ☼

Ich schaue und staune

Hat jeder Schatz einen guten Platz gefunden? ☼ Was liegt ganz nah bei deinem Schatz? ☼ Warum es wohl ausgerechnet dort liegt? ☼

Vielleicht gefällt dir außer deinem Schatz noch ein anderer besonders gut. ☼ Welche Geschichte er dir wohl erzählen könnte? ☼

Jetzt komm mit deinen Gedanken wieder zurück zu uns. ☼ Sieh dir das schöne Mandala an. ☼ Dein Schatz ist ein Teil unseres großen Mandalas geworden. ☼

Nun setz dich aufrecht hin, streck dich aus, dehne dich, und gähne dabei kräftig, damit du wieder richtig wach wirst. Vielleicht möchtest du ja noch berichten, welche Geschichte dir die Schätze erzählt haben?

Ich höre und träume

Diese Klangreise ist gedacht für eine Kindergruppe. Für jedes Kind werden zwei nicht zu große Steine benötigt. Besonders eindrucksvoll wird das folgende Hörerlebnis, wenn Kinder die Steine selbst gesammelt haben, vielleicht bei einem schönen Ausflug. Denn dann werden beim Klang der Steine ihre Ausflugserinnerungen noch einmal wach.

Ablauf:

1. Die Kinder stehen oder sitzen im Kreis.
2. Die Steine liegen ausgebreitet auf dem Boden, in der Mitte der Kinder.
3. Das Auswählen der Steine geschieht mit Musik.
4. Die Steinmeditation selbst jedoch wird ohne Musik durchgeführt.

Steinmeditation

(→ Meditative Musik begleitet die erste Phase der Klangreise.)

Ich höre und träume

Vor dir liegen unsere Steine. Erinnerst du dich daran, wo du sie gefunden hast? ☼ Sieh dir die Steine noch einmal in Ruhe an. ☼ Warum hast du gerade diese Steine mitgenommen? ☼ Langsam und so leise du kannst, holst du nun deine Steine aus der Mitte. ☼ Wir haben keine Eile. ☼ Falls du dir nicht ganz sicher bist, welches deine Steine sind, dann wartest du einfach und nimmst die Steine, die übrig bleiben. ☼ Falls auch ein anderes Kind deine Steine nehmen möchte, dann verständigt euch freundlich und ohne Worte. ☼

(→ *Die Musik läuft, die Kinder suchen sich ihre Steine aus.*)

Bald sollen unsere Steine zum Leben erwachen. ☼ Sie beginnen zu klingen, wenn ich dich an der Schulter berühre. ☼ Dann schlägst du deine Steine ganz zart gegeneinander und achtest auf ihren Klang. Höre, wie er sich mit dem Klang der anderen mischt. Wenn du möchtest, dann schließe deine Augen, und konzentriere dich ganz auf den Klang der Steine. Wenn du ein zweites Mal meine Hand auf deiner Schulter spürst, ist es das Zeichen für dich, deine Steinmusik zu beenden. ☼

(→ *Die Musik wird ausgeblendet.*)

(→ LehrerIn/ErzieherIn geht außen um den Kreis der Kinder herum und berührt sie, eines nach dem anderen, an der Schulter.)

(→ Nacheinander lassen die Kinder ihre Steine klingen. Meist sind sie mit großer Konzentration bei der Sache, viele schließen die Augen und lassen sich von den Steinklängen tragen.

Oft entsteht eine beeindruckende Dynamik. Die Klänge setzen nacheinander ein, vereinen sich rhythmisch, zerfallen wieder, werden lauter und leiser ...)

(→ Nach einiger Zeit bekommen die Kinder durch Berühren ihrer Schultern durch LehrerIn/ErzieherIn das Zeichen zum Beenden der Steinmusik.

Wenn der letzte Stein verklungen ist, entsteht meist ein intensiver, dichter Moment der Stille.)

Was für ein schönes Erlebnis! ☼ Die Steine sind verklungen, die Steinmusik ist zu Ende. ☼ Lege deine Steine vor dir ab, und schüttle deine Hände aus, damit sie wieder locker werden. ☼ Hole tief Luft, und streck dich dabei. ☼ Ich würde gerne hören, wie es dir bei unserer Klangreise gegangen ist. ☼ Erzählst du mir davon?

(→ Die Kinder berichten von ihren Eindrücken und Gefühlen. Oft beschreiben sie lebhafte Bilder wie z. B. Pferdegetrappel, Regen, auf einer Bühne stehen und Applaus bekommen ...)

(→ Die Klangsteine bekommen danach einen Platz im Raum, an dem sie gut zu sehen sind.)

Ich schmecke und rieche

Für viele Kinder ist das Essen eine Tätigkeit geworden, die nebenher erledigt wird. Fertiggerichte, Aromen und Geschmacksverstärker kommen dabei fast täglich auf den Tisch. Doch diese Produkte gaukeln Geschmackserlebnisse vor, die Naturprodukten nur bedingt entsprechen. So macht es durchaus Sinn, Essen auch einmal als bewussten Vorgang zu planen und mit allen Sinnen und Konzentration wahrzunehmen, was es dabei zu erleben gibt.

Für diese Geschichte legen Sie Ihrem Kind einen Apfel auf einer Serviette bereit. Besonders einladend ist es, wenn für eine Kindergruppe die Servietten mit den Äpfeln bereits im Kreis ausgebreitet sind und zum Geschichtenhören einladen.

Ich schmecke und rieche

Das kleine Apfelwunder

Ich schmecke und rieche

Nun such dir einen bequemen Platz, und ruhe für eine Weile aus. ☼ Wenn du möchtest, schließe die Augen, ☼ und stell dir einen kleinen Maulwurf vor, der auf seiner Blumenwiese, direkt unter dem Apfelbaum, liegt. ☼ Die Sonne scheint durch die grünen Zweige des Baumes und wärmt seinen weichen, samtigen Pelz. ☼ Gemütlich räkelt sich der kleine Maulwurf und reckt seine Arme und Beine. Er streicht zufrieden über sein sonnenwarmes, glänzendes Fell. ☼ Ja, es geht ihm gut, dem kleinen Maulwurf. ☼ Er liegt in aller Ruhe unter dem Apfelbaum, ☼ warm und friedlich, ☼ müde und schwer. ☼ Ein leiser Windhauch trägt ihm den Duft der Äpfel zu, die rot und reif an den Zweigen hängen. ☼ „Hm, Apfelduft, wie köstlich!“, denkt der kleine Maulwurf, schon halb im Schlaf. ☼ Müde fallen ihm die kleinen Maulwurfsaugen zu, und er beginnt zu träumen. ☼

Der kleine Maulwurf träumt von Äpfeln: von roten, saftigen Äpfeln, die die Wärme der Sonne in sich tragen, von Apfelkuchen, Apfelmus, Apfelgelee, Apfelsaft. ☼ Hm, Äpfel sind wirklich etwas Feines! ☼

Ich schmecke und rieche

Aber dann taucht in dem süßen, köstlichen Apfeltraum ein Zauberer auf. „Alle Äpfel gehören mir!“, schreit er. „Wehe, du rührst meine Äpfel an!“ Und weil er ein mächtiger Zauberer ist, gehorcht der Maulwurf. Er wagt es nicht mehr, einen Apfel vom Baum zu pflücken und zu essen. ☼

Es ist ein schlimmer Traum. ☼ Der kleine Maulwurf wälzt sich im Schlaf hin und her. Äpfel sind doch seine Leibspeise! Er strampelt vor lauter Ärger so fest mit den Füßen, dass er gegen den Apfelbaum stößt. Und die Äpfel, rot und reif, prasseln vom Baum. Rechts und links vom kleinen Maulwurf und direkt vor seiner Nase fallen sie herunter und bleiben neben ihm im Gras liegen.

Uff! Der kleine Maulwurf reibt sich die Augen. Zum Glück war alles nur ein Traum. Er sitzt genau wie ihr inmitten der schönsten und saftigsten Äpfel. ☼

(→ Geben Sie Ihrem Kind/jedem Kind jetzt einen Apfel in die Hand. Die Kinder erleben den Rest der Geschichte im Sitzen riechend, schmeckend, kostend mit.)

Der kleine Maulwurf bekommt auf einmal großen Appetit auf einen Apfel. ☼ Wie schön doch so ein Apfel aussieht mit seiner glänzenden Schale. ☼ Wie gut sich die glatte, feine Schale in der Hand anfühlt ☼ – und erst dieser Duft, dieser feine, zarte, fruchtige Duft! ☼ Der kleine Maulwurf atmet tief ein und nimmt den köstlichen Duft in sich auf. Warmen, fruchtigen Apfelduft. ☼ Ein Duft, der von Sonne erzählt und von Wolken am Himmel, von Sommerwind und Blütenstaub, von Bienengesumm und Blätterrascheln. ☼ Nun beißt der kleine Maulwurf sachte in den Apfel hinein. ☼ Erst kommt die feste Schale und darunter das zarte Fruchtfleisch. Saftig, duftig, süß. ☼ Bei jedem Bissen schmeckt er den Apfelduft, bei jedem Bissen spürt er das leckere Fruchtfleisch im Mund. ☼ Der kleine Maulwurf wird ganz still und konzentriert sich auf das, was er gerade tut: Er isst einen Apfel, einen köstlichen Apfel. ☼ Er riecht ihn ☼ und schmeckt ihn ☼ und spürt ihn im Mund, wenn er kaut. Er achtet auf das, was er gerade tut. ☼ Und er achtet auf das, was er dabei fühlt und riecht und schmeckt. ☼ Jetzt, in diesem Moment, gibt es für ihn nur diesen Apfel. ☼ Und er genießt dieses zarte, duftende, wohlschmeckende kleine Wunder. ☼

Ich schmecke und rieche

(→ Geben Sie Ihrem Kind/Ihren Kindern ausreichend Zeit, den Apfel zu genießen, ihn zu Ende zu essen.)

Jetzt ist der kleine Maulwurf satt und zufrieden, genau wie du. Er leckt sich die Lippen und spürt noch immer den zarten Apfelduft in seiner Nase.

Und nun leg den kleinen Apfelrest, der noch übrig ist, auf deine Serviette, und schau dich im Zimmer um: Hat der Apfel den anderen auch so gut geschmeckt wie dir? ☼ Willst du jetzt erzählen, wie du das Apfelessen erlebt hast?

Ich schmecke und rieche

Fantasiereisen

Die kleine Wassernixe

Mach es dir auf deiner Decke gemütlich. ☼ Jetzt hast du Zeit, dich auszuruhen, mit deinen Gedanken auf Reisen zu gehen und dabei das Reich der kleinen Wassernixe kennen zu lernen. ☼

In deinen Gedanken spazierst du am Ufer eines kleinen Sees entlang. ☼ Die Sonne scheint warm, aber unter den dichten, grünen Zweigen der Bäume ist es angenehm kühl. ☼

Da entdeckst du ein Ruderboot, ganz versteckt zwischen den Zweigen der Büsche. Irgendjemand hat das Boot irgendwann aus irgendeinem Grund hier am Ufer des Sees festgebunden und sich nicht mehr darum gekümmert. Sanft schaukelt es auf den Wellen. ☼

Du steigst in das Boot hinein, stößt dich vom Ufer ab und lässt dich auf den See treiben. ☼

Die Sonne scheint freundlich vom Himmel. Tausendfach spiegelt sie sich in den kleinen Wellen des Sees und verzaubert die Wasseroberfläche in einen funkelnden Lichterteppich. ☼

Träge schaukelt dein Boot auf den plätschernden kleinen Wellen des Sees, sanft wiegt es dich auf und ab, ☼ und auf und ab. ☼ Fast so, als ob es zu einer unhörbaren Melodie tanzt. ☼ Es ist gemütlich in deinem Boot, du fühlst dich wohl. ☼ Mach es dir richtig bequem. ☼ Fühl mal, ob deine Arme und Beine, dein Kopf und deine Schultern schon bequem liegen. ☼ Ganz entspannt liegst du nun in deinem Boot und lässt dich sanft von den kleinen Wellen schaukeln, ☼ hin und her, ☼ und leise hin und her. ☼ Das ist sehr angenehm. ☼ Die Sonne wärmt dich mit ihren Strahlen. ☼ Wohlig warm fühlst du dich. ☼ Du spürst, wie warm und angenehm schwer deine Arme und Beine sind. ☼ Jetzt hast du Zeit, dich auszuruhen, ☼ ganz viel sonnenwarme Zeit. ☼ Zeit zum Ausruhen. ☼ Zeit zum Träumen. ☼

„Wie gut es mir doch geht“, denkst du. ☼ Und du denkst an jemanden, den du besonders gern hast. ☼ ☼ ☼

In deine Traumgedanken mischt sich eine zarte Stimme. Sie ruft leise deinen Namen, ☼ und da taucht auch schon eine kleine Nixe neben deinem Boot auf. ☼

„Sei willkommen“, begrüßt sie dich freundlich und lächelt dich an. „Du bist also das besondere Menschenkind, von dem ich schon so viel gehört habe. Ich habe gewusst, dass du mich eines Tages besuchen wirst. Wie schön, dass du nun endlich da bist! Möchtest du mein Reich kennen lernen?“ ☼

Kaum hast du Ja gesagt, hebt die Nixe ihre Hände, eine Wolke aus glitzernden Wassertröpfchen hüllt dich ein, und schon tauchst du in das Reich der kleinen Nixe ein.

Wie ein fröhlicher kleiner Delfin folgst du der Nixe durch das klare, kühle Wasser. ☼ Ihr schwimmt durch einen Wald aus Seerosen, ☼ begrüßt die bunten Fische, die euch begegnen, ☼ und bestaunt die Lichtbilder, die die Sonne auf den Grund des Sees malt. ☼

„Jetzt kommt das Beste“, ruft die Nixe, als ihr auf eine Quelle zuschwimmt. Sprudelnde Luftbläschen tanzen vor euch kreisend an die Oberfläche. ☼

Fröhlich stürzt sich die kleine Nixe hinein in das Blubbervergnügen und lässt sich von den prickelnden Bläschen an die Oberfläche tragen. Was für ein Spaß! ☼

Das willst du auch ausprobieren! Oh, wie herrlich die Luftbläschen auf der Haut kribbeln! ☼

Und wie leicht man doch wird, wenn einen die Bläschen in die Höhe tragen. ☼ ☼ ☼

„Es ist schön mit dir!“, freut sich die Nixe nach dem Blubberbad. „Deshalb möchte ich dir etwas schenken, bevor du wieder ins Reich der Menschen zurückkehrst.“

Sie überreicht dir eine schöne Muschel ☼ und verrät dir ein Geheimnis:

„Diese Muschel birgt einen Schatz für jemanden, den du sehr gern hast. Für jemanden, der dich froh macht und mit dem du gerne zusammen bist.

Was immer du wünschst, wird die Muschel für diesen besonderen Menschen bereithalten.“ ☼ ☼ ☼

Die kleine Nixe begleitet dich zurück zu deinem Ruderboot und verabschiedet sich von dir. ☼

Ruhig und erholt nach der wunderbaren Reise ins Reich der kleinen Wassernixe liegst du nun wieder in deinem Boot und hältst die kleine Wunschmuschel fest in deiner Hand. ☼ Die Wellen schaukeln dich sanft in deinem Boot. ☼ Es geht dir gut. ☼ Wie schön doch die Reise zur Wassernixe war! ☼ Und der Tanz in den kribbelnden, prickelnden Blubberbläschen! ☼ Ja, das war eine schöne Reise. ☼

Als du wieder zurück am Ufer bist, dehnst und streckst du dich ☼ und atmest kräftig ein und aus. ☼ Die frische Seeluft macht dich wieder munter. ☼ Du fühlst dich leicht, und deine Gedanken sind frei. ☼ „Wie gut es mir doch geht“, denkst du und freust dich über deinen schönen Nixentraum. ☼

Und nun komm ganz zurück aus deinem Traum. Mach die Augen auf, und schau dich um. ☼ Du bist nicht mehr bei dem kleinen See. Deine Traumreise ist zu Ende, du bist wieder angekommen hier bei uns im Raum. ☼ Du bist wieder zurück! ☼ Streck dich, ☼

und gähn dich wach, ☼ schüttele dich kräftig aus, und spring ein wenig auf und ab, bis du wieder richtig munter bist. ☼ Und wenn du möchtest, erzählst du mir dann von deiner Wunschmuschel. ☼

Hasenträume

Es ist schon dunkel. Der Mond leuchtet am Himmel, und die Sterne funkeln.

Der kleine Hase sitzt vor seinem Bau, angelehnt an einen Stein, sonnenwarm von einem langen Sommertag. Er kuschelt sich an das weiche, warme Moos, das den Stein bedeckt, streckt die Beine aus und seufzt zufrieden. ☼ Das ist ein Abend, wie ihn der kleine Hase mag. Ein Abend zum Genießen und Träumen. ☼

Nachdenklich dreht der kleine Hase eine Pusteblume zwischen seinen Pfoten. Wie kleine Federn wirken die weißen Schirmchen. Zart und leicht bewegen sie sich beim kleinsten Lufthauch. So, als warteten sie nur darauf, dass der Wind sie mitnimmt und ihnen die Welt zeigt. ☼ Sachte, ganz sachte bläst der kleine Hase gegen die kleinen, weißen Schirmchen und schaut ihnen zu, wie sie leise in den Himmel steigen. ☼ Und wie er ihnen so nachschaut, wird er neugierig. Wo sie wohl hinfliegen? ☼ Der kleine Hase läuft den Schirmchen hinterher. Leicht und luftig tanzen sie über ihm. Weiter, immer weiter. ☼ Da kommt der kleine Hase an einen See. Der Mond spiegelt sich darin, rund und golden. ☼

Am Ufer verborgen, unter den Wurzeln eines Baumes, haben sich die Enten einen Schlafplatz gesucht. Sie haben ihren Kopf unter die Flügel gesteckt und ruhen sich auf dem weichen Gras aus. Der Wind streicht sanft über ihre Federn. Und die kleinen, zarten Schirmchen der Pusteblume fliegen über die Enten hinweg, hinaus auf den See.

Mitten auf dem See, auf den Seerosenblättern, verbringen zwei Frösche die Nacht. Träge dösen sie auf den zartgrünen Blättern. Sie sind kaum zu sehen zwischen all dem Grün. Die leichten Wellen des Sees schaukeln sie in den Schlaf. Die Frösche atmen den süßen Duft der Seerosen und träumen im Mondschein. Sie bemerken nicht die kleinen, zarten Schirmchen der Pusteblume, die über sie hinwegfliegen, zu der großen Ulme am anderen Ufer.

In einem weichen Kobel, gepolstert mit Gras und Moos und zartem Flaum, verbringt das Eichhörnchen mit seinen Jungen die Nacht. Dicht aneinander gekuschelt, warm und geborgen, genießen sie die Ruhe der Nacht. Sie bemerken nicht die kleinen, zarten Schirmchen der Pusteblume, die über sie hinwegfliegen, höher hinauf in die Äste ihres Baumes.

Der kleine Hase wird müde. Er legt sich am Fuße des Baumes ins weiche Moos und streckt sich aus. Müde und schwer, angenehm schwer sind seine Füße von dem weiten Weg. Es tut gut, sich auszuruhen und warm im weichen Moos zu liegen. ☼ Der kleine Hase atmet die frische Nachtluft, mild und klar. ☼ Er atmet sie ein und wieder aus. ☼ Er riecht den süßen Duft der Seerosen, das warme, grüne Moos, das frische, klare Seewasser, den satten, dunklen Geruch der Bäume am Ufer. ☼ Müde fallen dem kleinen Hasen die Augen zu. ☼

Und die zarten Schirmchen der Pusteblume fliegen höher und höher hinauf in den Himmel, bis sie nicht mehr zu sehen sind. ☼

Über den Wipfeln der Bäume färbt sich das dunkle Blau des Himmels in ein zartes Rot. Es dauert nicht lange, und schon wird es wieder hell über dem See, und die Sonne geht auf. Eins nach dem anderen erwachen die Tiere und begrüßen den Tag. Ihre fröhlichen Stimmen wecken den kleinen Hasen. Die Enten am See beginnen zu schnattern, die Frösche auf den Seerosenblättern quaken, und die jungen Eichhörnchen jagen fröhlich den Baumstamm hinauf und hinunter. ☼

Der kleine Hase öffnet seine Augen und freut sich auf den neuen Tag. Er hat ja so gut geschlafen! Der kleine Hase steht auf, klopft sich das Moos aus dem Fell und streckt sich aus. Ah, das tut gut nach der Ruhepause! ☼ Noch ein tiefer Atemzug, ein paar Dehnübungen mit den Füßen, und schon fühlt sich der kleine Hase wieder fit. Munter hoppelt er nach Hause.

Vor seinem Bau liegt der grüne Stängel der Pusteblume. Ihre schwebenden Schirmchen haben den kleinen Hasen auf die Reise durch die Nacht geführt.

Mein Baum

Nun kannst du für eine Weile ausruhen. ☼ Deine Arme und Beine finden einen Platz, an dem sie bequem liegen. ☼ Mach es dir gemütlich. ☼ Wenn du möchtest, schließe deine Augen, ☼ genieße die Ruhe, und höre die Geschichte von deinem Baum. ☼

Irgendwo auf dieser Welt, vielleicht sogar ganz in deiner Nähe, wächst ein Baum nur für dich. ☼ Wenn du ihn eines Tages siehst, wirst du ihn gleich erkennen. ☼ Du wirst dich wohl fühlen in seiner Nähe, und vielleicht wirst du deinem Baum von dir erzählen. ☼

Lass uns in Gedanken zu deinem Baum reisen. ☼ Ein Augenblinzeln nur, und du stehst vor ihm. ☼ Es ist dein Baum, und er erwartet dich schon. ☼ Sieh ihn dir in aller Ruhe an, deinen Baum. ☼ ☼ ☼ Mit deinen Händen streichst du über seine sonnenwarme, raue Rinde. ☼ Spüre die Kraft des Baumes. ☼ Atme seinen feinen, hölzernen Duft ein. ☼ Mmh, wie das duftet! ☼

Dein Baum ist dir sehr vertraut. ☼ Es ist, als würdest du ihn schon lange kennen. ☼ Du fühlst dich wohl bei ihm. ☼ Hier kannst du dich ein wenig ausruhen. ☼

Du setzt dich zu deinem Baum und lehnst dich an seinen Stamm. ☼ Wie gut es tut, den kräftigen Baum mit der rauen, sonnenwarmen Rinde im Rücken zu spüren! ☼ Er gibt dir sicheren Halt. ☼ Ganz entspannt lehnst du dich an ihn, ☼ und du merkst, dass er dich hält und trägt und wärmt. Fast so, als würdest du in den Armen von jemandem liegen, den du sehr gern hast. Dein Baum ist ein guter Platz, um sich auszuruhen. ☼

Vielleicht möchtest du deinem Baum etwas von dir erzählen. Dein Baum ist ein geduldiger Zuhörer. Egal, ob die Geschichten fröhlich oder traurig sind. Alles was du ihm erzählst, ist bei ihm gut aufgehoben. Er hört dir zu, es ist *dein* Baum. ☼ ☼ ☼

Für jeden schönen Gedanken bindest du ein buntes Bändchen an den Baum. ☼ Sie flattern munter im Wind. ☼ Die Bändchen mit weniger schönen Gedanken lässt du einfach los. ☼ Der Wind trägt sie mit sich fort. ☼ Weit fort. ☼ ☼ ☼

Ganz allmählich wird es Zeit, sich von deinem Baum zu verabschieden. Als du aufstehst, spürst du immer noch die Wärme deines Baumes am Rücken. Er gibt dir seine Kraft und seine Wärme mit und lädt dich ein, ihn bald wieder zu besuchen. ☼

„Vielen Dank!“, sagst du zu deinem Baum und streichst noch einmal über seine warme, raue Rinde. „Du warst ein guter Zuhörer, ich habe mich wohl gefühlt bei dir.“

Du fühlst dich leicht und frei wie der Wind, der durch die Blätter deines Baumes weht. ☼

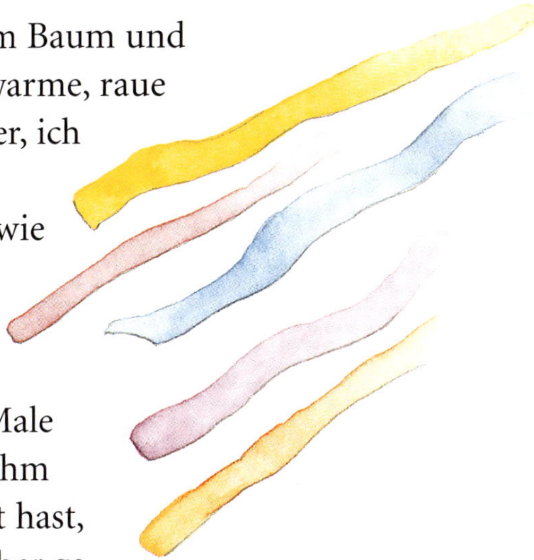

Eines Tages, wenn du viele, viele Male bei deinem Baum warst, dich bei ihm ausgeruht und ihm von dir erzählt hast, dann wird dein Baum über und über geschmückt sein mit den bunten Bändchen deiner Gedanken. ☼

Doch nun reise mit deinen Gedanken wieder zurück in unser Zimmer. ☼ Ein tiefer Atemzug nur, und du bist wieder hier. ☼ Öffne deine Augen, und sieh dich um in unserem Zimmer. ☼ Da sind deine Freunde. ☼ Alle sind sie zurückgekehrt von der Reise zu ihrem Baum. ☼ Schau sie dir an. Sie sind wie du ruhig und entspannt. ☼

Und nun steh auf, schüttele den letzten Rest Traummüdigkeit aus deinen Armen und Beinen. ☼ Streck dich, gähne und hole dabei tief Luft. ☼ Jetzt bist du erholt, und es geht dir gut. ☼

Es war eine gute Reise.

Maus und Bär

Wenn du deinen Platz gefunden hast und ganz entspannt liegst, dann schließe die Augen, und höre die Geschichte von zwei ganz unterschiedlichen Freunden.

Die kleine Maus und der Bär sind Freunde.

Der Bär ist groß und stark und hat eine tiefe, angenehme Brummstimme.

„Bitte, brumm doch mal!“, sagt die kleine Maus oft. „Das ist so schön beruhigend!“

Und dann legt die kleine Maus sich auf den dicken Bärenbauch, kuschelt sich in das weiche, flauschige Bärenfell und genießt das dunkle Brummen, das sie so wunderbar sanft durchrüttelt. ☼ Warm, weich und unendlich gemütlich ist der Brummbärenbauch. ☼

Weil die kleine Maus ein wenig ängstlich ist und das Brummen so beruhigend, muss der große Bär ziemlich oft brummen.

„Ach, wenn ich doch nur so groß und stark wäre wie du!“, seufzt die kleine Maus oft. „Ich wollte, ich wäre auch ein mutiger Bär. Dann könntest du dich manchmal bei mir ankuscheln, und ich würde dich beschützen, wenn du Angst hast. Aber ich bin ja nur eine kleine Maus.“

Da erzählt der Bär eine Geschichte. „Dies ist die Geschichte von der Maus, die dem Bären das Leben rettete", beginnt er. Und an das warme Bärenfell gekuschelt, hört die kleine Maus neugierig zu.

„Es war einmal eine Bärenmutter mit einem Jungen. Die beiden Bären lagen eines schönen Tages zusammen auf der Blumenwiese und ließen sich von der Sonne den Pelz wärmen. Die Bärenmutter dehnte und reckte sich, schnaufte ein und aus – ☼ und schon war sie eingeschlafen. Das Bärenkind aber wollte die Welt entdecken. Es lief zum Fluss und sprang dabei den tanzenden Schmetterlingen hinterher. ‚Ich kriege euch!', rief der kleine Bär fröhlich und jagte die Schmetterlinge. Dabei lief er immer weiter am Fluss entlang, ohne aufzupassen.

Zur selben Zeit saß eine kleine Maus weiter unten am Ufer des Flusses und knabberte an einer köstlichen Nuss.

Als plötzlich der dicke, freche Frosch neben ihr laut quakte, ließ die Maus ihre Nuss vor Schreck

ins Wasser fallen. Durch die aufspritzenden Wassertropfen wurden die Libellen aufgeschreckt, die träge in der Mittagssonne dösten. Was für eine Unruhe heute am Teich herrschte! Die Libellen wollten sich lieber ein ruhigeres Plätzchen suchen und flogen davon. Bei ihrem Flug über die Blumenwiese entdeckten die Libellen schließlich die schlafende Bärenmutter. ☼ Wie lustig ihre schwarze, feuchte Bärennase in der Sonne glänzte! ‚Auf die Plätze, fertig, los!', rief die erste Libelle und landete mit einem kühnen Sturzflug auf der Bärennase. ‚Achtung, ich komme!', schrie die zweite und ließ sich ebenfalls auf dem Nasenlandeplatz nieder. Die beiden Libellen hatten wirklich nur Unsinn im Kopf.

Der Bärenmutter kitzelte die Nase von diesem Libellenunsinn. Sie wachte auf und merkte endlich, dass ihr kleiner Bär verschwunden war. ‚Wo bist du denn, kleiner Bär?', rief sie aufgeregt. ‚Er wird doch hoffentlich nicht alleine zum Fluss gelaufen sein?' So schnell sie konnte, lief die Bärenmutter los.

Und was soll ich dir erzählen, sie konnte den kleinen Bären gerade noch am Pelz packen und ihn retten, bevor er in den Fluss geplumpst ist!"

„Nein, so was aber auch!", staunt die kleine Maus. „Wie gut, dass wir Mäuse so gerne Nüsse knabbern. Man könnte ja fast behaupten, dass die Maus dem kleinen Bären das Leben gerettet hat!“

„Genau so ist es!“, brummt der Bär.

Die kleine Maus stellt sich neben den Bären und spielt mit ihren Muskeln. „Was sind wir Mäuse doch für mutige Kerle! Falls du mal Angst haben solltest, Großer, dann darfst du dich ruhig an mich ankuscheln. Ich werde dich beschützen!“

Die Geschichte von Maus und Bär ist jetzt zu Ende. Deine Gedanken kommen wieder zurück. ☼ Auf der Reise mit der Maus und dem Bären konntest du gut ausruhen und entspannen. ☼ Nun öffne deine Augen, und atme tief durch. ☼ Deine Beine brauchen Bewegung, deine Arme wollen kräftig ausgeschüttelt werden, bis du wieder ganz wach bist. ☼ Schau dich im Raum um, du bist wieder da!

Strandspaziergang

Schließe nun deine Augen, und stell dir vor, du bist am Strand. ☼ Das Meer leuchtet in strahlendem Blau. Die Wellen tragen leichte, weiße Schaumkronen. ☼ Mit zartem Knistern lösen sich die Schaumkronen auf, wenn die Wellen sie an den Strand tragen. ☼ Es ist ein schöner, warmer Tag. Die Sonne lacht vom Himmel, und du genießt ihre Wärme auf deiner Haut. ☼ Es ist angenehm, am Strand spazieren zu gehen, die Sonnenwärme auf der Haut zu spüren und den weichen, warmen Sand unter deinen Füßen. ☼

Wer könnte dich auf deinem Spaziergang begleiten? ☼ Wünsche dir diesen Jemand doch einfach in deine Geschichte hinein. ☼

Nun seid ihr zu zweit am Strand. Gemeinsam spielt ihr mit den Wellen. Wenn die Wellen auf den Strand zulaufen, dann rennt ihr blitzschnell davon. Wenn sie wieder zurückfließen, lauft ihr dem Wasser hinterher. Ihr beide seid ziemlich flink und habt euren Spaß daran. ☼

Am schönsten aber ist es, auf dem nassen Sand stehen zu bleiben und auf die kleinen Wellen zu warten. Dann kommen sie angerollt und umspülen mit zartem Rauschen eure Füße.

Ihr sinkt ein wenig in den weichen Sand ein und wackelt mit den Zehen, um sie vom Schlamm zu befreien. ☼

Das Wasser aber rollt schon wieder davon und nimmt neuen Anlauf. ☼

Du schaust dich um: Hier am Strand gibt es viel zu entdecken. ☼

Die Wellen schwemmen an den Strand, was das Meer in den Tiefen der Ozeane an Schätzen findet. Unzählige Muscheln, kleine Seesterne, bunte Steine, die das Wasser weich und rund geschliffen hat, und vieles mehr. ☼

Für eine kurze Zeit nur zeigt das Meer diese Schätze, und vielleicht findet sie jemand, vielleicht nimmt jemand einen dieser kleinen Schätze mit nach Hause, bevor die Wellen ihn wieder ins Meer zurückspülen. ☼

Was entdeckst du im Sand? Was hat das Meer für dich dorthin getragen? ☼

Stecke nun deinen Fund vorsichtig in deine Hosentasche.

„Auf die Plätze, fertig, los!“, ruft deine Strandbegleitung. Und ihr lauft um die Wette. Den Strand entlang, durchs Wasser und die Dünen hinauf. ☼

Fröhlich und erschöpft lasst ihr euch in den Sand fallen. ☼ Es tut gut, im weichen, warmen Sand zu liegen und sich mit den Schultern und dem Rücken zurechtzukuscheln. „So ein sonnenwarmes Sandbett müsste man zu Hause haben! Das wäre gemütlich!“, denkst du und lässt den warmen Sand zwischen deinen Fingern hindurchrieseln. ☼ Wenn du die Augen schließt, kannst du das Meer immer noch riechen. ☼ Du schmeckst seinen salzigen Geschmack auf deinen Lippen. ☼ Und du hörst es. ☼ Kraftvoll und mit gleichmäßigem Rauschen laufen die Wellen an den Strand und fließen wieder zurück ins Meer. ☼ Sie fließen so gleichmäßig wie dein Atem. ☼ Du atmest ein und aus, ☼ ruhig und gleichmäßig ein und aus. ☼

Du hast viel erlebt am Strand ☼ und sogar einen kleinen Schatz entdeckt. ☼ Wie schön, dass du auf deinem Strandspaziergang Begleitung hattest und deine Freude teilen konntest. ☼ Nun wird es Zeit, den Spaziergang zu beenden. ☼ Du fühlst dich ruhig und erholt und kannst nun wieder in den Alltag zurückkehren. ☼

Deine Ohren, die eben noch das Meeresrauschen gehört haben, hören jetzt, was hier im Raum geschieht. ☼ Öffne deine Augen, und sieh dich um. ☼ Dehne dich und strecke dich, und gähne dabei nach Herzenslust. ☼ Und nun steh auf, und klopfe die Müdigkeit von deinen Armen und Beinen ab, als wären es die Sandkörner aus deinem gemütlichen Sandbett. ☼ Schön, dass du wieder hier bist!

Im Traumgarten

Es gibt Tage, da geschehen besondere Dinge. ☼ Auf den ersten Blick könnte man meinen, es sei alles wie immer ... ☼

Doch wenn du genau hinsiehst, entdeckst du, dass ein Zauber in der Luft liegt. ☼ So ein glitzernder, schimmernder Zauber über allem. ☼ Schau doch mal: Liegt da nicht auch gerade jetzt so ein Zauberschimmer in der Luft? ☼ Kannst du's sehen? ☼

An Zaubertagen kann man sich in den Traumgarten wünschen. Wollen wir es mal probieren? Leg dich bequem hin, ☼ und wenn du möchtest, schließe deine Augen. ☼ So ein bisschen Zauberschimmer kannst du auch jetzt noch sehen, richtig? ☼ Das ist gut, sehr gut! ☼

Der Traumgarten liegt verborgen hinter einer hohen Mauer. Sie ist über und über mit Efeu bewachsen. Nur wer so genau hinschaut wie du, entdeckt das kleine Tor, das in den Traumgarten führt. ☼ Im Schlüsselloch steckt ein goldener Schlüssel. ☼ Schon wenn du ihn sanft berührst, öffnet sich das Tor. ☼

Geh ruhig hinein, und sieh dich um. Das Besondere am Traumgarten ist, dass er genauso aussieht, wie du ihn dir erträumst. ☼

Dein Traumgarten ist wunderschön. Sieh dich um nach dem allerschönsten Platz hier im Garten. Dort lässt du dich gemütlich nieder und ruhst dich aus. ☼ ☼ ☼

Du hast dir wirklich den schönsten Platz im Garten ausgesucht. ☼ Hier kannst du eine Weile ausruhen. ☼ Leg dich doch einfach ins weiche Gras. ☼ Lass deine Gedanken durch deinen Körper wandern. ☼ Dein Kopf und deine Schultern finden ihren Platz. ☼ Dein Rücken liegt bequem auf dem weichen Graspolster, ☼ deine Arme und Beine sind entspannt. ☼ Warm und schwer ruhen sie auf dem Bett aus Gras. ☼ Es ist schön, das weiche Grasbett im Rücken zu spüren und die Blicke ein wenig schweifen zu lassen. ☼

Ganz in der Nähe entdeckst du einen kleinen Zauberteich mit kristallklarem Wasser. ☼ Wenn du in das Wasser eintauchst, genau dann, wenn sich die Strahlen der Sonne im Wasser spiegeln, kannst du dich verwandeln, in was immer du willst, und schöne Dinge im Zaubergarten erleben. ☼ Und wenn du dann wieder das hübsche Menschenkind werden möchtest, das du jetzt bist, schnipst du mit dem Finger. So einfach ist das. ☼

Die Sonne beginnt, am Himmel emporzusteigen. In ihrer Wärme öffnen die Blumen ihre Blütenkelche. ☼ Die Farben im Traumgarten beginnen zu leuchten. ☼ Und dann spiegeln sich die Sonnenstrahlen im Wasser des Zauberteiches.

Jetzt könntest du in den Zauberteich eintauchen und dich verwandeln. Möchtest du es versuchen? Du kannst aber auch einfach nur am Zauberteich sitzen, in das klare Wasser schauen und ein wenig träumen. Ganz so, wie du es möchtest. ☼ ☼ ☼

Nun ist die Zeit gekommen, den Traumgarten wieder zu verlassen. Du hast bestimmt viel erlebt. Und mit einem Schnipp verwandelst du dich wieder zurück. ☼ Ganz einfach. ☼ Gut gemacht! ☼

Schon stehst du wieder an dem kleinen Tor, durch das du hereingekommen bist. Du öffnest das Tor und gehst hindurch. Du berührst den goldenen Schlüssel, ☼ und das Tor zum Traumgarten schließt sich. ☼ Da siehst du wieder den goldenen Zauberschimmer vor deinen Augen. ☼ Er begleitet dich zurück in unser Zimmer. ☼ Öffne deine Augen, und sieh dich um. ☼ Hole tief Luft, und streck dich aus. ☼ Deine Arme und Beine schütteln den letzten Rest Zaubertraum, der vielleicht noch in dir steckt, ab. ☼ Jetzt bist du erholt und ausgeruht.

Sturmgeschichte

Nun schließe deine Augen, und komm langsam zur Ruhe. ☼ Finde einen Platz, an dem du entspannt liegen und mit mir auf Fantasiereise gehen kannst. ☼

Wir machen eine Wanderung in den Bergen, zusammen mit Paulina und ihrem Opa. ☼ Sieh dir die Wolken an, die hoch über den Bergen vorbeiziehen. ☼ Der Wind trägt sie fort. ☼ Leicht und zart schweben sie über den Himmel. ☼ Leicht wie ein Hauch, ☼ ein zarter, schwebender Wolkenhauch. ☼

So wie die Wolken, so ziehen jetzt auch deine Gedanken vorbei. ☼ Sie kommen dir in den Sinn, ☼ und du lässt sie weiterziehen. ☼ Sie kommen und ziehen weiter. ☼ Sie schweben an dir vorbei wie die Wolken über den Himmel. ☼

Opa blickt prüfend in den Himmel. „Ich hoffe, das Wetter hält, bis wir oben sind!“, sagt er zu Paulina. „Schau mal, da vorne kannst du schon unsere Hütte sehen.“ Winzig klein und noch weit in der Ferne entdeckt Paulina die Hütte, zu der sie heute mit Opa unterwegs ist. Die Hütte schmiegt sich an einen grünen, sonnigen Hang und erwartet sie bereits. Paulina findet es aufregend, mit Opa in den Bergen zu wandern. Schritt für Schritt folgen die beiden dem sonnenheißen Schotterweg. Die Kieselsteine knirschen unter ihren Sohlen. ☼

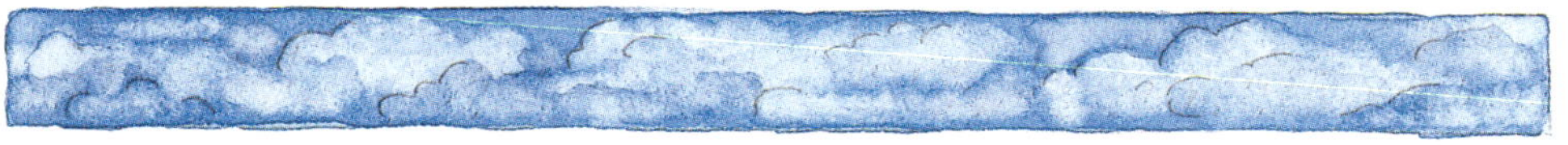

Wie still es hier oben ist, wundert sich Paulina. ☼ Wie wunderbar ruhig. ☼ Und gerade weil es so still ist, kann Paulina so vieles hören: das Rauschen der Bäume, ☼ fröhliches Vogelgezwitscher, ☼ das leise Plätschern einer Quelle ganz in der Nähe, ☼ die Schritte auf dem Kiesweg ☼ und ihren eigenen Atem. ☼

Der Weg steigt steil bergan, und Paulina schnauft kräftig. Es ist nicht mehr weit bis zur Berghütte, aber zuerst machen Opa und Paulina auf einer kleinen Blumenwiese Rast. Sie legen ihre Rucksäcke ab, breiten eine Decke aus und ruhen sich aus von dem anstrengenden Aufstieg. ☼

Langsam schieben sich dunkle Wolken vor die Sonne.

„Ich glaube, wir sollten uns wieder auf den Weg machen. Wir wollen die Hütte erreichen, bevor es regnet", meint Opa. Und wirklich – jetzt beginnt auch der Wind kräftiger zu blasen. Paulinas Haare wehen wild durcheinander. Die dunklen Regenwolken stehen am Himmel, und die ersten dicken Tropfen fallen zur Erde. ☼ Ängstlich greift Paulina nach Opas Hand. Opas große, warme Hand gibt ihr Sicherheit. ☼ „Wir sind gleich da, Paulinchen!", lächelt Opa und streichelt ihre kleine Hand.

Genau in dem Moment, als Paulina und Opa die Berghütte erreicht haben, bricht das Unwetter los. Heftiger Regen trommelt gegen die Fensterscheiben der Hütte, und der Sturm rüttelt an den Wänden

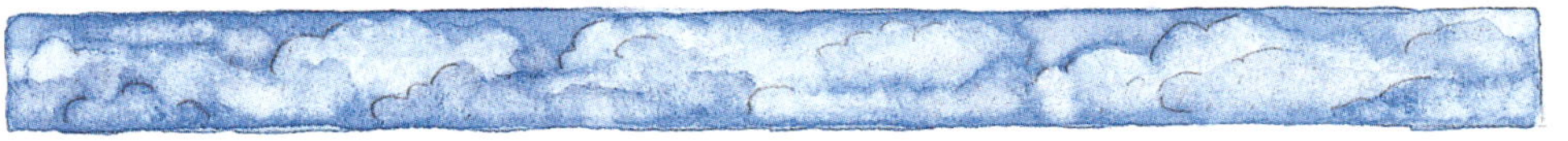

und pfeift durch die Ritzen. Das macht Paulina Angst. So ein Unwetter hat sie noch nie erlebt: Was ist, wenn der Sturm die Hütte davonbläst? Und dann dieser Regen, dieser schrecklich laute Regen!

Opa breitet die Arme aus. „Komm her, mein Schatz!“, sagt er leise, nimmt Paulina schützend in seine Arme und hält sie ganz fest. „Es wird uns nichts passieren!“ ☼ Opa wiegt sein ängstliches, zitterndes Paulinchen wie ein kleines Baby ganz sachte hin und her. ☼ Er hält sie fest in seinen Armen, redet ihr gut zu und wischt ihr die Tränen aus dem Gesicht. ☼ In Opas Armen fühlt Paulina sich sicher. ☼

Schließlich wagt Paulina mit Opa sogar einen Blick aus dem Fenster: Sie staunt über die Regenmassen, die da aus den Wolken herabstürzen. ☼ Mit welcher Kraft der Sturm durch die Bäume fegt! ☼ Aber mit Opa an der Seite findet Paulina den Sturm gar nicht mehr so schrecklich. ☼

Und dann, fast so schnell wie das Unwetter gekommen ist, verzieht es sich auch wieder. Sogar die Sonne lugt schon wieder hinter den Wolken hervor. Opa und Paulina setzen sich vor die Hütte und genießen die frische, klare Bergluft, die der Regen so angenehm abgekühlt hat. ☼

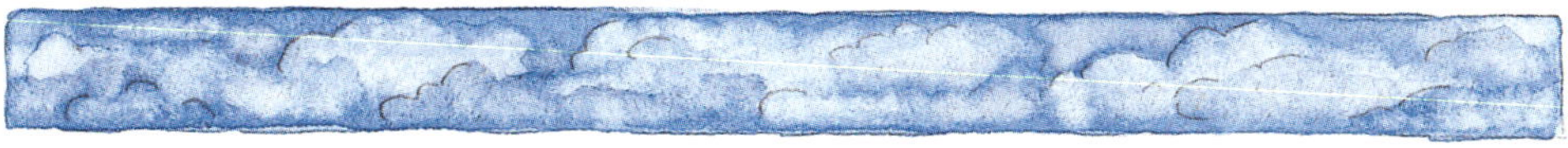

Und auch du fühlst dich jetzt nach deiner Ruhepause so frisch und klar wie die Gebirgsluft nach einem Regenschauer. ☼ Dein Ausflug ist zu Ende. Du bist erholt und ausgeruht. ☼ Nun mach deine Augen wieder auf, hole tief Luft, und streck dich aus. ☼ Jetzt bist du wieder wach!

Das Land der Wünsche

Nun lege dich bequem hin, und spüre, ob deine Arme und Beine, dein Kopf und deine Schultern schon ihren Platz gefunden haben. ☼ Dann kannst du deine Augen schließen und dich ins Land der Wünsche tragen lassen. ☼

Mit Wünschen ist das so eine Sache. Mancher Wunsch geht in Erfüllung, kaum dass du an ihn denkst. Schnell und leicht wie der Wind, der um deine Nase weht, einfach so. ☼ Aber manche Wünsche trägst du für lange Zeit im Herzen. ☼

Denk mal nach: Vielleicht gibt es in deinem Herzen ja gerade jetzt auch solch einen Wunsch? ☼ Und diesen Wunsch nimmst du nun mit auf die Reise. ☼ Auf die Reise ins Land der Wünsche. ☼

Dorthin reist man am besten mit einem fliegenden Teppich. Immer wenn du ihn brauchst, kommt er herbeigeflogen.

Möchtest du gerne jemanden mitnehmen auf die Reise ins Land der Wünsche? Auf dem fliegenden Teppich ist noch genügend Platz. ☼ Leicht wie eine Feder erhebt sich der Teppich mit dir und deinem Reisegefährten in die Lüfte. ☼

Was für ein schönes Gefühl. ☼ Entspannt liegst du auf dem Teppich und genießt den Flug. ☼ Du spürst die leichten Bewegungen des Teppichs, den der Wind sanft in die Höhe trägt. ☼ Weich und geschmeidig gleitest du mit dem Teppich durch die Luft. ☼

Ein Vogelschwarm auf dem Weg in den warmen Süden begleitet euch eine Weile. ☼ Gleichmäßig heben und senken die Vögel ihre kräftigen Schwingen. ☼ Auf und ab. ☼ Die Vögel sind schon weit geflogen und kennen die Welt.

„Erzählt mir vom Land der Wünsche!", bittest du sie neugierig. „Wird mein Wunsch in Erfüllung gehen, wenn wir dort sind?"

„Hab Vertrauen!", antworten die Vögel geheimnisvoll. „Du wirst schon sehen!" ☼

Allmählich wird es dunkel, und der Mond zieht seine Bahn am nachtblauen Himmel. ☼ Glitzernd und funkelnd weisen euch jetzt die Sterne den Weg. ☼ „Immer wenn ein Wunsch sich erfüllt, geht ein Stern am Himmel auf", erklärt dir dein Reisegefährte. Wer weiß, vielleicht leuchtet auch bald schon dein Stern dort oben. ☼

Als die ersten Sonnenstrahlen den Himmel in rotes Licht tauchen, liegt ein seltsames Gemurmel in der Luft. Was das wohl bedeutet? ☼

„Gleich sind wir da!“, ruft dein Freund begeistert. „Komm, und sieh es dir an, das Land der Wünsche!“

Was für ein Leben, was für ein buntes Treiben, was für eine prächtige, bunte Stadt liegt da unter euch, ☼ mit Stimmengewirr, dem Duft von Früchten und Gewürzen, Musik, Kamelen und tanzenden, lachenden Menschen in orientalischen Gewändern. ☼

Der fliegende Teppich senkt sich sanft, schwebt über die Mauern eines Palastes und landet schließlich zwischen mächtigen Palmen im Palasthof. ☼

Im Palast werdet ihr bereits erwartet. ☼ „Das ist bestimmt der weise Mann der Wünsche!“, flüstert dir dein Begleiter zu. ☼

„Seid willkommen!“, begrüßt euch der weise Mann freundlich. Er lässt sich auf einem goldenen Thron nieder, und ihr setzt euch zu seinen Füßen.

„Herr, ich habe einen wichtigen Wunsch!“, sagst du zu ihm. „Kannst du mir nicht helfen, dass der Wunsch in Erfüllung geht?“

Der weise Mann nickt bedächtig. „Lass hören, mein Kind!“ Und dann erzählst du ihm von deinem größten Wunsch. ☼ ☼ ☼

Der weise Mann hört dir aufmerksam zu. „So ist das also. Ja, ich sehe, das ist wirklich wichtig für dich! ☼ Höre, mit Wünschen muss man weise umgehen. Man kann nicht verlangen, dass sie in Erfüllung gehen, aber man kann sie auf den Weg bringen. Und dabei kann ich dir helfen, wenn du es möchtest."

Du denkst über die Worte des weisen Mannes nach. Was könntest du wohl tun, damit dein Wunsch in Erfüllung geht? ☼

„Du trägst einen Wunsch in deinem Herzen", sagt der weise Mann zu dir. „Lege deine Hände auf dein Herz, und denke fest an deinen Wunsch. ☼

Was du brauchst, wirst du bekommen. Und es wird geschehen, wie es gut für dich ist. ☼

Und nun schicke deinen Wunsch auf die Reise. ☼ Atme ein und aus, ☼ und schaue deinem Wunsch nach, wie er davonfliegt. ☼ Atme ein und aus. ☼ Kannst du sehen, wie er in den Himmel schwebt? ☼ So ist es gut. Du hast es genau richtig gemacht. ☼ Und es wird so geschehen, wie es für dich gut ist. Vertraue darauf!"

Dein Wunsch ist auf den Weg gebracht. Darüber bist du sehr froh. ☼ Du und dein Freund, ihr verbeugt euch vor dem weisen Mann, dankt ihm für seine Hilfe, nehmt wieder auf eurem Teppich Platz und macht euch auf die Reise nach Hause. ☼

Über die Palastmauern hinweg, über den Marktplatz und dann hinauf in die Wolken schwebt der fliegende Teppich. Fast scheint es dir, als leuchteten am Nachthimmel heute besonders viele Sterne. ☼ Ob bald auch dein Stern am Himmel leuchten wird? ☼

Der Teppich bringt euch zurück an den Ort, an dem deine Wunschreise begann. ☼ Schön, dass du nicht allein ins Land der Träume gereist bist. ☼

Aber jetzt bist du wieder angekommen, deine Wunschreise ist zu Ende. ☼ Den Wunsch, den du im Herzen hattest, hast du auf den Weg gebracht. ☼ Das macht dein Herz leicht und frei, und es geht dir gut. ☼ Nun öffne die Augen, und schau dich um. ☼ Alles ist wie vor deiner Abreise. ☼ Deine Arme und Beine wollen sich nach der langen Reise bewegen. ☼ Nimm einen kräftigen Atemzug und noch einen, damit du wieder wach und frisch wirst. ☼ Dann setz dich auf, und schau mich an. ☼

Schön, dass du wieder da bist!
Ich wünsche dir, dass sich dein Wunsch erfüllt.

Die Zaubermurmel

Gestern war ein schlimmer Tag für Anton. Kennst du auch solche Tage, an denen alles schief geht?

Anton jedenfalls hatte gestern so einen Tag. Erst fiel ihm das Geld für die Pausenbrezel in den Gulli, dann kam er zu spät zur Schule. Auf dem Weg zur Turnhalle stellte ihm Benni ein Bein, und Anton stolperte. Dabei stieß er ausgerechnet gegen Johannes, seinen besten Freund, der gerade seine Turnschuhe zumachen wollte. Johannes' neue Brille fiel auf den Boden.

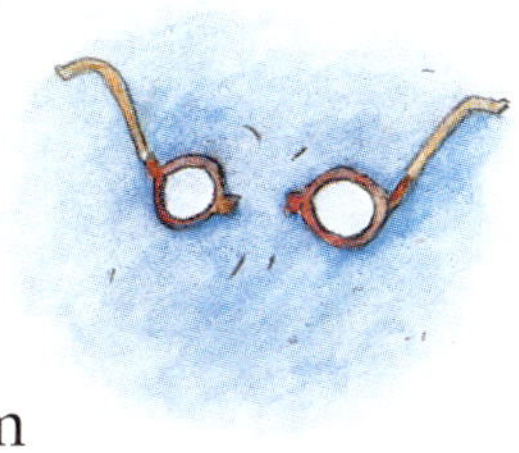

Und Anton, der noch so viel Stolperschwung in sich hatte, trat aus Versehen drauf. Die Brille von Johannes war kaputt! Mitten durchgebrochen. In zwei Teile. Mist!

Johannes war stinksauer. „Du bist nicht mehr mein Freund!", zischte er böse. Und seitdem hat er Anton nicht einmal mehr angesehen.

Den ganzen Nachmittag überlegte Anton verzweifelt, was er tun könnte, damit Johannes wieder sein Freund wäre. Er rief sogar bei ihm an. Aber Johannes legte gleich wieder auf.

Auch heute, auf dem Weg zur Schule, ist Anton wieder ganz in Gedanken. Immer noch denkt er an den Ärger mit Johannes. Wenn der doch nur wieder sein Freund wäre!

Da stößt Anton mit dem Schuh an eine Murmel. Eine kleine, glitzernde, bunte Murmel. Murmeln kann man immer brauchen. Anton hebt sie auf und steckt sie zu der Kastanie, dem Bindfaden und der Entenfeder in seiner Hosentasche. Und hat sie auch schon wieder vergessen. ☼

Dann kommt Anton am Gartenzaun von Herrn Schröder vorbei. Gleich wird der schwarze Riesenhund wieder wütend loskläffen, bestimmt! Wie jeden Tag, wenn Anton vorbeikommt. Anton berührt zufällig die Murmel in seiner Hosentasche. Seltsam. ☼ Heute steht der Hund hechelnd am Gartenzaun und wedelt freundlich mit dem Schwanz.

In der Schule ist auch einiges anders als sonst. Kaum stellt der Lehrer eine Frage, schon fällt Anton die absolut richtige Antwort ein. Dabei passt er doch gar nicht mal richtig auf, sondern spielt mit seiner neuen Murmel. Merkwürdig. ☼

Als ihm Benni auch noch einen Fußballeraufkleber schenkt, kann sich Anton nur noch wundern. ☼

Nach dem Mittagessen macht Anton es sich auf dem Sofa gemütlich. Da fällt ihm die Murmel in seiner Hosentasche wieder ein.

Wie schön sie glänzt! Anton hält die Murmel gegen das Licht und dreht sie zwischen den Fingern. Da beginnt sie zu strahlen und wird ganz warm in seiner Hand. Nur für einen winzig kurzen Moment.

„Ich wollte, Johannes wäre wieder mein Freund, und ich könnte ihm diese Murmel zeigen!“, wünscht sich Anton.

In diesem Augenblick läutet das Telefon.

„Es ist für dich!“, ruft Mama aus dem Flur.

Anton rast hin und reißt ihr den Hörer aus der Hand. Es ist Johannes!

Johannes will sich gleich mit Anton auf dem Spielplatz treffen.

„Heute ist mein Glückstag!“, denkt Anton. „Zuerst habe ich diese Glitzermurmel gefunden, und dann ...“

Es durchfährt Anton wie ein Blitz: Die Murmel! Es ist die Murmel! Er braucht sich nur etwas zu wünschen, und schon geht es in Erfüllung!

Anton ist auf einmal ganz aufgeregt. Als er Johannes von der Zaubermurmel erzählt, ist auch der ganz begeistert. Die beiden setzen sich zusammen auf die Spitze vom Klettergerüst und überlegen, was sie sich alles wünschen könnten.

Was das wohl sein könnte?
Was würdest du dir denn wünschen?

Dann fällt Johannes ein, dass er die Zaubermurmel ja noch gar nicht gesehen hat. „Zeig doch mal!“, bittet er.

Anton greift in seine Hosentasche. Da ist die Kastanie drin, der Bindfaden und die Entenfeder …

Aber die Murmel ist nicht mehr da. ☼

Johannes hilft Anton beim Suchen. Unter dem Klettergerüst, auf dem Spielplatz, auf dem Weg zum Spielplatz, in Antons Zimmer. Nichts! Die Murmel bleibt verschwunden. ☼

Irgendwie auf dem Weg zu seinem neuen, alten Freund Johannes muss die Murmel aus Antons Hosentasche gerutscht sein. Ganz unbemerkt. Einfach so!

Aber vielleicht braucht Anton die Murmel jetzt ja auch gar nicht mehr? ☼

Antons Geschichte ist zu Ende. Deine Gedanken, die du auf Fantasiereise geschickt hast, kommen jetzt wieder zurück in unser Zimmer. ☼ Mache deine Augen auf, und sieh dich um. ☼ Du bist erholt und ausgeruht. ☼ Streck dich, und dehn dich, und atme tief durch, das tut dir nach der Ruhepause gut. Und nun bewege dich, und schüttele dich, bis du wieder ganz fit bist. ☼

Freundschaftsreise

Eine Fantasiereise, geschrieben für Kindergruppen, zum Ausklang des gemeinsamen Tages. Aber auch mit nur einem oder zwei Kindern können Sie diese Fantasiereise machen. Dann lassen Sie den Austausch der Steine am Ende weg.

Grundidee:
Die Kinder erinnern sich, was sie an diesem Tag miteinander erlebt haben, und spüren ihren Gefühlen nach.

Das benötigen Sie:
- Meditative Musik
- Steine (so groß, dass sie gut in eine Kinderhand passen) in einer hübschen Schale
- Filzstifte, bereits vor Beginn der Fantasiereise an die Kinder ausgeteilt

Wenn du nun deinen Platz gefunden hast, wollen wir uns auf Fantasiereise begeben. Ein kleiner Stein wird dich auf deiner Reise begleiten. Indem du ganz leise wirst und auf mich schaust, zeigst du mir, dass du bereit bist, deinen Stein zu bekommen. ☼

(→ Die Erzieherin/Lehrerin reicht den Kindern, sobald sie zur Ruhe gekommen sind, die Schale, aus der sie einen Stein auswählen.)

Schau ihn dir an, den Stein in deiner Hand. Es ist der Stein, der dich jetzt auf deiner Reise begleiten wird. ☼

Schließe deine Augen, und spüre, wie er sich anfühlt. ☼

Und nun lass den Stein wandern. Über deine Hände und deine Arme. ☼ Wie fühlt es sich an, mit dem kühlen, glatten Stein über die Haut zu streichen? ☼ Das ist dein Stein. ☼ Du hast ihn dir ausgesucht. ☼ Er hilft dir, dich noch einmal auf den vergangenen Tag zu konzentrieren. ☼

Nimm deinen Stein nun in deine Hand, und schließe sie.

Heute hast du viel erlebt. ☼ Was war für dich heute besonders wichtig? ☼

Gab es ein Kind, mit dem es dir heute besonders gut ging? ☼

Was hat dir heute Freude bereitet? Oder war etwas schwierig für dich? ☼

Welches Gefühl hast du, wenn du an den heutigen Tag denkst? ☼

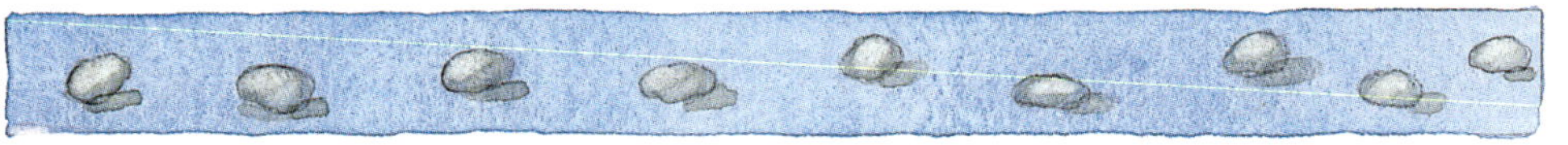

Stell dir vor, du schreibst alles, was du an diesem Tag erlebt hast, in ein Tagebuch. Wie du dich gefühlt hast, was für dich schwierig oder besonders schön war. Und dann suchst du für deine Geschichte eine Überschrift. Ein einziges Wort nur.

Welches Wort könnte das sein? Welches Wort würde gut zu deiner Geschichte passen?

Dein besonderes Wort für deinen Tag schreibst du nun auf deinen Stein.

Legt jetzt eure Steine in unsere Mitte. Ganz ohne Worte legt ihr daraus einen Kreis.

Sieh dir unseren Steinkreis an. Ein Kreis so rund wie unser Tag. Ein Tag voller Erlebnisse. Schau, was die anderen Kinder geschrieben haben. Lies, was wir alles erlebt haben.

Vielleicht gibt es außer deinem Stein noch einen anderen, der dir besonders gefällt. Vielleicht mit einem Wort darauf, über das du gerne noch ein wenig länger nachdenken würdest.

Diesen Stein darfst du dir gleich nehmen. Vielleicht trägst du ihn eine Zeit lang in deiner Hosentasche, und erinnerst dich immer wieder an unsere Freundschaftsreise. Oder du suchst ihm bei dir zu Hause einen guten Platz. ☼ Falls es geschieht, dass du und noch ein anderes Kind nach demselben Stein greifen, dann ist das ein gutes Zeichen. Ihr beide habt dann wahrscheinlich ähnlich gedacht und ähnlich gefühlt. Schaut euch freundlich an, und verständigt euch ohne Worte, wer den Stein bekommen soll. ☼ Einer von euch beiden schaut sich einfach noch einmal um. Mag ja sein, dass für dich ein ganz anderer Stein gedacht ist und dir etwas sagen will. ☼

Nun ist unsere Freundschaftsreise zu Ende. Wir holen tief Luft und atmen sie kräftig wieder aus. Wir stehen miteinander auf, schütteln und strecken uns, damit wir wieder wach werden. ☼ Die Reise ist zu Ende. Aber der kleine Stein in deiner Hand wird dich ab und zu daran erinnern. ☼

Mein Schutzengel

Momente wie diese lieben Schutzengel.

Da liegst du hier so bequem, streckst dich in aller Ruhe aus und lässt es dir gut gehen. ☼

„Endlich ein kleines Momentchen Pause", wird sich dein Schutzengel denken und erst einmal tief durchschnaufen. Und ich könnte mir vorstellen, wenn er dich hier so ruhig liegen sieht, würde er sich am liebsten ein bisschen neben dich kuscheln und sich auch für ein Momentchen ausruhen. Schutzengel zu sein ist ja schließlich keine leichte Aufgabe. Rutsch doch ein wenig zur Seite, und lade ihn ein, sich hier gemütlich dazuzulegen. ☼ Ja, hier neben dir ist ein guter Platz zum Ausruhen. ☼

Wie er wohl aussieht, dein Schutzengel? Schau ihn dir doch einmal ganz genau an! ☼ ☼ ☼

Dein Schutzengel beschützt dich und ist auch bei dir, wenn es dir einmal nicht so gut geht oder du Kummer und Sorgen hast. „Hm", denkt er sich dann, „was machen wir denn da?" Und du kannst mir glauben, er tut alles, damit es dir bald wieder besser geht. Das ist ja das Gute an einem Schutzengel.

Was hat dein Schutzengel nicht schon alles mit dir erlebt! ☼ Und manchmal musste er sicher besonders gut auf dich aufpassen. ☼ ☼ ☼

Ich merke schon, dein Schutzengel hat dich besonders gern und macht seine Aufgabe richtig gut.

Wenn du einen Wunsch frei hättest, was würdest du dann mit deinem Schutzengel erleben wollen? Lass dir ein wenig Zeit, und überlege es dir. ☼ ☼ ☼

Ich bin sicher, dir ist etwas ganz Besonderes eingefallen. ☼ Nun wird es aber Zeit, dass du deinen Schutzengel ein bisschen in die Seite stupst, damit er wieder richtig wach wird. Am besten, du zeigst ihm, wie man sich so richtig reckt und streckt. Und dann steht ihr beide auf und schüttelt kräftig eure Arme und Beine aus. Der Schutzengel bitte auch noch die Flügel! ☼ Einmal tief einatmen ☼ und wieder ausatmen. ☼ Schau dich um! ☼ Ja, alles sieht aus wie vorher. ☼ Aber es ist schön zu wissen, dass du immer gut beschützt bist. ☼ Wenn du mir von deinem Schutzengel erzählen möchtest, höre ich dir gerne zu. ☼

Wissenswertes über Fantasiereisen mit Kindergruppen

Fantasiereisen tun Kindern gut

Mehrere Dinge ganz schnell und gleichzeitig tun? Das ist für viele Kinder kein Problem!

Von morgens bis abends verplant, haben manche Kinder einen Terminkalender wie Erwachsene. Und viele Kinder halten das auch aus. Aber andere werden unruhig dabei und unsicher. Mit Händen und Füßen immer in Bewegung, mit den Gedanken ständig woanders, und manchmal nur noch schwer zu beruhigen.

Sie sind auf der Suche nach Sicherheit und Orientierung in ihrem hektischen Kinderalltag, nach verlässlichen Ansprechpartnern für ihre Fragen, und nach Ruhe und Entspannung in einem Überangebot an Sinnesreizen.

Wer mit Kindern auf Fantasiereise geht, weiß, welch beruhigende Wirkung von den Geschichten ausgeht. Fantasiereisen ermöglichen unseren Kindern, den Alltag für eine kleine Weile auszublenden und ganz im Moment zu leben. Statt mit mehreren Dingen gleichzeitig beschäftigt zu sein, lassen sich Kinder mit ihren fünf Sinnen in ungeteilter Aufmerksamkeit auf den Moment ein. Durch Fantasiereisen unterstützen wir unsere Kinder, zur Ruhe zu kommen, sich zu sammeln, sich von den Bildern und Geschichten berühren zu lassen. Für manche Kinder mögen Fantasiereisen einen Ausgleich zur Realität schaffen, andere erproben sich und ihre Möglichkeiten, wieder andere finden Bilder für Dinge, die nur schwer in Worte zu fassen sind.

Fantasiereisen tun Kindern gut

Wir als Erwachsene jedenfalls begleiten die Kinder ein Stück ihres Weges, indem wir mit ihnen auf Fantasiereise gehen. Wir lassen uns auf sie ein, nehmen Anteil und geben dadurch Halt.

Zeit für Fantasiereisen

Kinder lieben Regelmäßigkeit. Regelmäßigkeit bedeutet für sie Sicherheit. Je kleiner sie sind, umso mehr orientieren sich Kinder an wiederkehrenden Ereignissen. Klare Strukturen bringen Sicherheit und damit Ruhe in den Alltag von Kindergarten- und Grundschulkindern. Deshalb macht es auch Sinn, für Fantasiereisen einen festen Platz im Tages- oder Wochenverlauf zu reservieren.

Überlegen Sie, wann den Kindern im Tagesverlauf Ruhe und Entspannung gut täten. Nach dem Toben wäre vielleicht ein solcher Ruhepunkt. Zeit füreinander haben, den Alltag bewusst unterbrechen, Tempo herausnehmen, die Ruhe genießen: Sie werden feststellen, je öfter Sie mit Ihrem Kind auf Fantasiereise gehen, umso schneller gelangen Sie beide zur Ruhe.

In Kindergarten, Schule oder Hort bieten sich der Unterrichtsbeginn, die Zeit nach der großen Pause oder der Tagesabschluss besonders für Fantasiereisen an. Aber auch immer dann, wenn nach anstrengender Arbeit die Kinder wieder Kraft tanken müssen, wenn nach Unruhe oder großen Emotionen wieder Ruhe einkehren soll und Entspannung nötig ist, dann sind Fantasiereisen den

Kindern willkommen. Auch hier gilt: Je regelmäßiger Sie miteinander auf Fantasiereise gehen, umso schneller stellt sich die erhoffte Entspannung ein.

Sie werden bald herausfinden, in welchen Situationen Sie und Ihre Kinder eine kurze oder eine längere, eine rein erzählte oder eine eher handlungsorientierte Fantasiereise bevorzugen.

Fantasiereisen mit mehreren Kindern

Fantasiereisen mit mehreren Kindern

Wer einmal mit seinen Kindergartenkindern, Schulkindern oder Hortkindern auf Fantasiereise gegangen ist, wird es mit Überzeugung und Freude immer wieder tun. Nicht nur wegen der ruhigen, vertrauten Momente während des „Reisens". Auch wegen der anschließenden Gespräche, in denen die Kinder sich meist erstaunlich offen zeigen und die Mitreisenden an ihren inneren Bildern und Gefühlen teilhaben lassen. Solch intensive Momente stärken das Gemeinschaftsgefühl innerhalb der Gruppe ungemein. Im Folgenden noch einige zusätzliche Hinweise, damit Fantasiereisen mit Kindergruppen ebenso gut gelingen wie Fantasiereisen mit einzelnen Kindern.

Zur Ruhe kommen

Je regelmäßiger Sie mit Ihren Kindern auf Fantasiereise gehen, desto schneller wird es den Kindern gelingen, zur Ruhe zu kommen und zu entspannen. Kinder müssen jedoch auch in der Lage sein, sich auf eine Fantasiereise einzulassen. Nach großer Aufregung, bei Streitigkeiten oder Aggressionen in der Gruppe ist es besser, die Spannung zunächst über körperliche Bewegung ausagieren zu lassen. Erst danach sind die Kinder aufnahmebereit für eine Fantasiereise.

Die Fantasiereise beginnt

Kinder lieben Rituale. Und der ritualisierte Beginn einer Fantasiereise ist eine gute Möglichkeit, die Besonderheit einer gemeinsamen Fantasiereise hervorzuheben und eine klare Abgrenzung zum Alltag zu schaffen. Zelebrieren Sie deshalb ruhig den Beginn Ihrer Fantasiereise. Versuchen Sie doch einmal, ihre Kinder persönlich, eins nach dem anderen, zu sich zu „blinzeln", bevor jedes sich auf dem „Reiseteppich" seinen Platz sucht und bequem zurechtsetzt oder -legt. Sie nehmen auf diese Weise noch einmal direkten Kontakt zu jedem Kind auf und laden es zur Reise ein. Sie haben zudem die Gelegenheit, jedes Kind einzeln wahrzunehmen. Wie wirkt es auf Sie? Ist es entspannt, ist es mit den Gedanken schon bei der kommenden Reise? Auf welches Kind müssen Sie in den nächsten Minuten besonders achten? Welches Kind wird ruhiger, wenn Sie es in Ihre Nähe setzen? Welches Kind möchte gerade jetzt besondere Nähe zu Ihnen?

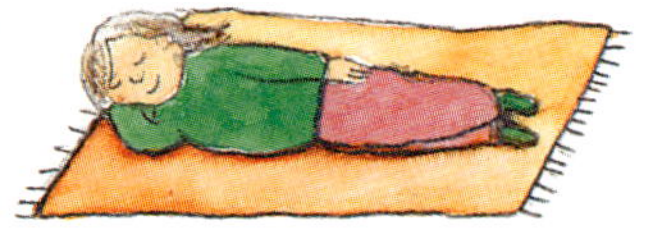

Fantasiereisen mit mehreren Kindern

Egal, ob die Kinder für die Fantasiereise nun im Stuhlkreis sitzen, auf dem Teppich liegen oder an ihren Plätzen bleiben und den Kopf auf die Arme legen, wie immer die organisatorische Vorbereitung für die Fantasiereise aussieht, sie sollte geordnet und in Ruhe geschehen. Bereits hier kann die äußere Form zum Ausdruck einer inneren Haltung werden: Ich lasse mich jetzt auf die gemeinsame Reise ein, ich trage mit meiner Ruhe dazu bei, dass unsere Reise gelingt.

Wenn einzelne Kinder die Fantasiereise stören

Für manche Kinder ist es anfangs schwierig, die ungewohnte Ruhe und die emotionale Nähe auszuhalten, die bei Fantasiereisen fast automatisch entsteht. Störendes Verhalten zu Beginn oder im Verlauf einer Fantasiereise kann ein Ausdruck dieser Schwierigkeiten sein.

Fassen Sie in Worte, was störende Kinder mit ihrem Verhalten sagen: „Ich kann/will mich jetzt nicht darauf einlassen."

Respektieren Sie den Wunsch, zunächst einmal aus der Ferne mit dem Geschehen vertraut zu werden. Machen Sie deutlich, dass die Kinder sich frei entscheiden können, ob sie an einer Fantasiereise teilnehmen oder nicht, dass sie aber keinesfalls die anderen stören dürfen.

Rückführung

Wenn Sie sich mit Kindergruppen auf Fantasiereise begeben, schenken Sie der Phase der Rückführung besondere Beachtung. Im entspannten Zustand der Fantasiereise sind Kreislauf und Körperfunktionen etwas reduziert. Damit alle Kinder im Anschluss wieder fit und munter weiterarbeiten können, sollten Sie bei den aktivierenden Maßnahmen der Rückführung – bewusstes Wahrnehmen der Umgebung, tiefes Atmen, Dehnen, Strecken und Bewegen – auch alle Kinder im Blick haben und die Aktivierung nicht zu früh abschließen.

Nachbereitung im Gespräch

Geben Sie den Kindern Gelegenheit, nach einer Fantasiereise über ihre „Reiseerfahrungen" zu erzählen. In einer annehmenden, wertschätzenden Gesprächsatmosphäre werden sich die Kinder öffnen und über ihre Gefühle, Gedanken und inneren Bilder sprechen.

Zu einer guten Gesprächsatmosphäre gehört auch, dass Ihre Kinder sich darauf verlassen können, dass Sie einen eventuell verletzenden oder unpassenden Kommentar aus der Kindergruppe freundlich, aber sehr klar zurückweisen.

Stellen Sie, falls Sie ausschließlich positive Rückmeldungen erhalten, auch die Frage, ob es einem Kind bei der Fantasiereise nicht so gut ging. Vielleicht braucht es ein bisschen mehr Mut, auch davon zu berichten. In jedem Fall wäre es ein großer Vertrauensbeweis.

Fantasiereisen mit mehreren Kindern

Greifen Sie Anregungen Ihrer Kinder auf. Vielleicht hätten einige Kinder gerne noch mehr Zeit gehabt, um sich auf ihre Fantasien einzulassen. Oder sie würden eine andere Sitz- oder Liegeposition bevorzugen ...

Gespräche dieser Intensität fördern das soziale Miteinander. Die Kinder nehmen sich und die anderen mit der Zeit sehr viel differenzierter wahr und können sich so auch zunehmend besser in andere Kinder hineinversetzen.

In großen Kindergruppen stellt es die Geduld der Kinder auf die Probe, lange warten zu müssen, bis sie mit dem Erzählen an der Reihe sind. Hilfreich kann hier ein kleiner „Erzählstein“ sein, der unter den Kindern weitergereicht wird, wenn sie zu Ende erzählt haben.

Bei kleineren Kindern, oder wenn Sie die ersten Male mit einer Gruppe auf Fantasiereise gehen, können Sie den Kindern kleine Reihensätze als Formulierungshilfen anbieten: „Ich habe mich gefühlt wie ...“, „Besonders schön fand ich ...“, „Ich habe mir vorgestellt ...“.

Fantasiereisen mit einem Partnerkind

Fantasiereisen mit mehreren Kindern

Einige Fantasiereisen (in diesem Buch zum Beispiel die „Schweineschnauzengeschichte“ und „Kleiner Indianer“) gestalten die Kinder mit einem Partner aus der Klasse oder Kindergruppe. Es gilt, hier besonders sensibel darauf zu achten, ob die Kinder sich auf die Berührungen und Streicheleinheiten mit einem Partner gerne einlassen wollen.

In jedem Fall sollten die Kinder ihre Fantasiereisepartner selbst wählen dürfen. Ermuntern Sie die Kinder, dem Partner bereits während der Fantasiereise Rückmeldung zu geben, ob die Berührungen ihnen gut tun oder vielleicht etwas zu kräftig oder unangenehm sind.

Das anschließende Gespräch darüber, wie es den Kindern bei der Übung erging, ist bei Partnerübungen besonders wichtig. Meist gibt es erfreulich viele Rückmeldungen, die besagen, wie zart und einfühlsam die Fantasiereisepartner miteinander umgegangen sind. Ist es nicht schön, wenn Kinder ihre Spiel- und Schulkameraden auch in diesen Facetten ihres Wesens kennen lernen?

Machen Sie die Kinder darauf aufmerksam, diesbezüglich ihre Gefühle wahrzunehmen, und sagen Sie ihnen ganz klar, dass sie allein das Recht haben, über ihren Körper zu entscheiden. Und dass jedes Kind sich auch entscheiden darf, an einer Übung nicht teilzunehmen. Bestärken Sie Kinder, die sich mit einem solchen Nein äußern, und respektieren Sie unbedingt ihre Entscheidung. Bei einer nächsten Partner-Fantasiereise mag diese Entscheidung dann schon anders ausfallen.

Fantasiereisen mit mehreren Kindern

Denn Fantasiereisen sind ein wunderschönes Angebot, zur Ruhe zu finden und die Ruhe miteinander zu genießen.

Kinder lassen sich meist gerne darauf ein – und gehen gestärkt aus dieser Ruhephase hervor.

Sabine Kalwitzki lebt in München und ist Grundschullehrerin. Sie liebt es, mit ihren Schulkindern Geschichten zu erfinden und auf Fantasiereisen zu gehen. Seit einigen Jahren schreibt sie Kinderbücher für all die fröhlichen, mutigen, frechen, nachdenklichen, verträumten und wunderbaren Kinder, die mit beiden Beinen auf der Erde stehen und zugleich mit dem Kopf über den Wolken schweben können.

Hildegard Müller wurde 1957 geboren. Sie hat in Darmstadt Grafik-Design und in Mainz Kunsterziehung studiert. 1985 machte sie sich selbstständig und arbeitet seitdem als Grafikerin, Autorin und Illustratorin für Verlage.